AF361050

CATALOGUE

DES LIVRES

DE LA BIBLIOTHEQUE

DE FEU

M. L'ABBÉ MAUDOUX,

CONFESSEUR DU ROI LOUIS XV;

Dont la Vente se fera, au plus offrant & dernier enchérisseur, le Jeudi 1er Mars 1782 & les jours suivans, en une des Salles des Grands Augustins, trois heures de relevée.

SE DISTRIBUE

A PARIS,

Chez Gogué & Née de la Rochelle, Libraires, quai des Augustins, près du pont S. Michel.

M. DCC. LXXXI.

CATALOGUE
DES LIVRES
DE LA BIBLIOTHEQUE
DE FEU
M. L'ABBÉ MAUDOUX.

THÉOLOGIE.

N°. Ier. BIBLIA Hebraica non punctata, curante
Joh. Leufdeno. Francof. 1694, in-12.

2. Vetus Teftamentum Græcum, ex verfione fep-
tuaginta Interpretum. Amft. 1683, in-12.

3. Novum Teftamentum, Græcè. Lugd. Bat. Elzev.
1641, pet. in-12. vél.

4. Idem, ex Edit. Joh. Leufden. Amftel. 1688,
in-18. mar.

5. Biblia Latina, cum notis Fr. Vatabli. Lutetiæ,
R. Stephanus, 1545, 2 vol. in-8°. lav. r.

6. Biblia facra, vulgatæ Edit. Parif. Vitré, 1652,
8 vol. in-12.

7. Eadem, cum notis chron. & hiftor. Ibid. Vitré,
1666, in-4°.

A

8. Biblia facra , vulgatæ Edit. Coloniæ, in-8°.
9. Nov. J. C. Teftamentum , Latinè. Parif. Vitré,
1644, in 8°. mar. r.
10. Idem , minutiſſimis char. excufum. Pariſiis,
Martin, 1656. — Th. à Kempis de Imitatione
Chrifti, lib. IV. Ibid. 1656. — Pugna fpiritua-
lis. Ibid. 1657, pet. in-12. mar. n.
11. Il Nuovo Teftamento di Jefu Chrifto, lat. & vol-
gare. In Lione, Rovillio, 1558, 2 vol. in-16,
mar. r. l. r.
12. La fainte Bible, trad. fur les textes originaux,
par le Gros. Cologne, 1739, in-12.
13. Le Nouv. Teftament en franç. avec des Réflex.
morales, par le P. Quefnel. Paris, 1693, 8 tom.
en 5 vol. in-12.
14. Biblia, Germanicè, ex verfione M. Lutheri.
Halle, 1715, 4 vol. in-12.
15. The holy Bible, containing the old Teftament
and the New. London, 1684, 3 vol. in-12.
16. The holy Bible. London, 1743, in-12 , à l'u-
fage des Catholiques d'Angleterre.
17. The New Teftament, tranflated out of the la-
tin vulgat ; with annotations. 1752 , 2 tom.
rel. en un vol. in-12.
18. Livres apocryphes de l'Anc. Teftament, en lat.
& en franç. avec des notes. Paris , 1742, 2 vol.
in-12.
19. Abrégé de l'Hift. de l'Ancien Teftament, par
Mefenguy. Paris, 1747, 10 vol. in-12.
20. The Morality of the Bible ; extracted by R.
Chaloner. London, 1765 , in-12.
21. Balinghem Scriptura S. in locos communes
digefta. Duaci, 1621 , in-fol.
22. Dictionn. de l'Ecriture-fainte, par Huré. Paris,
1715 , 2 vol. in-fol.

(3)

23. Dictionn. portatif de la Bible. Paris, 1759,
2 vol. pet. in-8°.

24. Biblia Magna Commentariorum litteralium,
curâ Jo. de la Haye. Parif. 1643, 5 vol. in-fol.

25. Corn. à Lapide Comm. in S. Scripturam. Ant.
1659, & Parif. 11 vol. in-fol.

26. Commentaire littéral fur la fainte Bible, par
le P. de Carrieres. Paris, 1740, 5 vol. in-12.

27. La fainte Bible, en lat. & en franç. avec des
notes & des differt. par M. Rondet. Avignon,
1767, 17 vol. in-4°.

28. Dictionnaire hiftor. de la Bible, par le même.
Ibid. 1776, in-4°. Tom. I. br. avec la fouf-
cription.

29. S. de Muis, Comm. in Pfalmos. Parif. 1630,
in-fol.

30. Bellarmini Explanatio in Pfalmos. Parif. 1664,
in-4°.

31. Harmonie des Pfeaumes & de l'Evangile, par
l'Ab. Pluche. Paris, 1764, in-12.

32. Maldonati Comm. in IV Evangeliftas. Parif.
1617, in-fol.

33. Ejufdem Opera varia Theologica. Ibid. 1677,
in-fol.

34. Explication des Épîtres de S. Paul, par le P.
Picquigny. Paris, 1739, 4 vol. in-12.

35. Annotations on the New Teftament of J. C.
By Rw. D. D. 1730, 2 vol. in-8°.

36. Explication de plufieurs Textes difficiles de
l'Ecriture-fainte, par D. Jacq. Martin. Paris,
1730, in-4°.

37. Dictionn. portatif des Conciles. Paris, 1758,
petit in-8°.

38. Analyfe des Conciles, par le P. Richard. Paris,
1772, 4 vol. in-4°.   A ij

39. Apostolorum & SS. Conciliorum Decreta, Græcè, edente Joh. Tilio. Parif. Conr. Neobarius, 1540, pet. in-4°.

40. Concilium Romanum, anno 1725 celebratum. Romæ, 1725, in-4°.

41. Breviarium Parisiense. Parif. 1745, 4 vol. gr. in-8°.

42. Idem. Ibid. 1758, 4 vol. in-12.

43. Diurnale Parisiense. Parif. 1760, 2 vol. pet. in-12. mar. n.

44. Livre d'Eglise, lat. & franç. contenant Nones, Vêpres & Complies. Paris, 1761, 2 vol. in-12.

45. L'Antiphonaire & le Graduel Parisien. Paris, 1736 & 1738, 8 vol. in-12.

46. L'Office de la Nuit & de Laudes. Paris, 1760, 8 vol. in-12.

47. Rituel du Diocèse de Soissons. Paris, 1753, 4 tom. rel. en 3 vol. in-4°.

48. Horstii Paradisus Animæ Christianæ. Lugduni, 1678, in-16. fig.

49. Litaniæ variæ ex Script. sacrâ collectæ. Parif. le Petit, 1671. — Semita Paradisi ; Tr. de pace Animæ ; Pugna spiritualis ; Th. à Kempis Imitatio Christi : hæc omnia minutiff. caracteribus excusa. Parif. Seb. Martin, 1662, in-12.

50. The Book of Common Prayer. London, 1715, in-4°.

51. Lactantii Opera omnia, edente N. Lenglet du Fresnoy. Lutetiæ, 1748, 2 vol. in-4°.

52. Lettres de S. Augustin, trad. en franç. par Dubois. Paris, 1737, 6 vol. in-12.

53. Dictionnaire Théologique portatif, par M. Alletz. Paris, 1756, pet. in-8°.

54. Dictionnaire des Sciences ecclésiastiques, par

(5)

le P. Richard. Paris, 1760, 6 vol. in-fol.
55. Summa totius Theologiæ S. Thomæ. Lugduni,
  1663, 10 vol. in-12.
56. Nat. Alexandri Theologia moralis. Parif. 1714,
  2 vol. in-fol.
57. Théologie morale, dite de Grenoble. Paris,
  1715, 8 vol. in-12.
58. Th. Sanchez Difput. de Matrimonio. Lugduni,
  1739, in-fol.
59. Recueil de Pieces concernant la Thèfe de l'Ab.
  de Prades. 1753, in-4°.
60. Effais de Morale, & Traités théol. de Nicole.
  Paris, 1730, 20 vol. pet. in-12.
61. Traité du Sacrifice de Jefus-Chrift. Paris, 1778,
  3 vol. in-12. br. en carton.
62. Traités des Indulgences, du Jubilé, du Devoir
  des Pafteurs, de l'Office divin, & des SS. Myf-
  tères, par Collet. 7 vol. in-12.
63. De la Sainteté & des Devoirs de l'Epifcopat.
  Liege, 1769, 3 vol. in-12.
64. Devoirs Eccléfiaftiques, par Sevoy. Paris,
  1763 & 1770, 4 vol. in-12.
65. Lettres fur les Spectacles, par M. Defprez de
  Boiffy. Paris, 1779, 2 vol. in-12.
66. Traité des Superftitions, par Thiers. Paris,
  1741, 4 vol. in-12.
67. Le Brun, Hift. des Pratiques fuperftitieufes qui
  ont féduit les Peuples, & embarraffé les Savans.
  Paris, 1750, 4 vol. in-12. fig.
68. Reliquiæ facræ Carolinæ, The Workes, of that
  great Monarch and glorious Martyr King Charles I. Hague, 2 tom. en un vol. pet. in-8°.
69. The Works of Benj. Whichcote. Aberdeen,
  1751, 4 vol. pet. in-8°.

70. Dictionn. des Cas de confcience, par Pontas. Paris, 1743, 3 vol. in-fol.

71. — par de Lamet & Fromageau. Paris, 1733, 2 vol. in-fol.

72. Conférences Eccléf. du Diocèfe de Lodeve. Paris, 1749, 4 vol. in-12.

73. Conférences Eccléfiaft. du Diocèfe de Luçon. Paris, 1703, 13 vol. in-12.

74. Confér. Eccléf. de Paris fur l'Ufure, le Mariage, la Morale, & le Décalogue. Paris, 1748, 19 vol. in-12.

75. Confér. Eccléf. du Diocèfe de Périgueux. Paris, 1693, 5 vol. in-12.

76. Pouget, Inftitutiones Cathol. in modum Catecheleos. Parif. 1725, 2 vol. in-fol.

77. Le Catéchifme de Montpellier. Paris, 1731, 5 vol. in-12.

78. Catéchifme de Bourges, par M. de la Chétardie. Paris, 1708, 4 vol. in-12.

79. Sermons de l'Abbé Torné. Paris, 1765, 3 vol. in-12.

80. Sermons du P. Griffet. Liege, 1766, 4 vol. in-12.

81. Sermons du P. de Neuville. Paris, 1776, 8 vol. in-12, prem. édit.

82. Sermons nouveaux fur les Vérités de la Religion. Avignon, 1764, 2 vol. in-12.

83. Effai d'Exhortations aux Malades, par Blanchard. Paris, 1732, 2 vol. in-12.

84. De Imitatione Chrifti lib. IV, ex recenfione J. Valart. Parif. Barbou, 1773, in-12.

85. — trad. en franç. par le même. Ibid. 1773, in-12.

86. Joh. Gerfen, de Imitatione Chrifti lib. IV,

edente Franc. Delfau. Parif. 1674 , in-8°.

87. Les Œuvres de fainte Thérefe , trad. par Arnauld d'Andilly. Paris , 1696 , in-4°.

88. Lettres de la même , trad. par M. Chappe de Ligny. Paris , 1753 , 2 vol. in-4°.

89. L'Efprit de la même. Lyon, 1775, in-8°.

90. Œuvres de S. François de Sales. Paris, 1647, 2 vol. in-fol.

91. Lettres & Opufcules du même. Paris , 1758 & 1767 , 10 vol. in-12.

92. Efprit du même. Paris , 1747 , in-8°.

93. Œuvres de L. de Grenade , trad. par Girard. Paris , 1684 , 10 vol. in-8°.

94. Pratique de la Perfection Chrétienne, trad. de Rodriguez, par Regnier des Marais. Paris, 1703, 4 vol. in-8°.

95. Œuvres fpirituelles de Bernieres - Louvigny. Paris , 1714, 2 vol. in-12.

96. Œuvres fpirituelles du P. le Valois. Paris , 1758, 3 vol. in-12.

97. Méditations fur les Vérités Chrétiennes , par le Curé de Saint-Claude. Lyon , 1764, 6 vol. in-12.

98. Confolation de l'Ame fidelle contre les frayeurs de la mort, par Drélincourt. Leyde , 1760, 2 vol. pet. in-8°.

99. Lettres fur divers fujets de Morale & de Piété, par Duguet. Paris, 1727, 9 vol. pet. in-12.

100. Lettres critiques , ou Réfutation de divers Ecrits contre la Religion , par l'Abbé Gauchat. Paris , 1758 , 19 vol. in-12.

101. Traité de la Vérité de la Religion Chrét. par Abbadie. La Haye, 1741, 4 vol. in-12.

102. La Religion Chrétienne prouvée par les faits,

par l'Abbé Houtteville. Amft. 1744 , 4 vol. in-12.

103. Ouvrages de M. Bergier, pour la Défenfe du Chriftianifme. 7 vol. in-12.

104. Réponfes critiques aux difficultés propofées par les nouv. Incrédules fur les Livres faints, par Bullet. Paris, 1773 , 3 vol. in-12.

105. Des titres primitifs de la Révélation, par le P. Fabricy. Rome, 1772 , 2 grands vol. in-8°.

106. La Religion naturelle, & la révélée , établies contre les Incrédules. Paris , 1756 , 6 vol. pet. in-12.

107. L'Infuffifance de la Religion naturelle prouvée par les vérités de l'Ecriture - fainte, par le P. Griffet. Liege, 1770, 2 vol. in-12.

108. Les Fondemens de la Foi , mis à la portée de tout le monde , par M. l'Abbé Aymé. Paris, 1775, 2 vol. in-12.

109. Warburton , Differt. fur l'union de la Religion, de la Morale & de la Politique. Londres, 1742, 2 vol. in-12.

110. Liberté de confcience refferrée dans des bornes légitimes. Londres , 1754 , 3 part. rél. en un vol. in-12.

111. Preadamitæ , five Exercitatio fuper verfibus Epiftolæ D. Pauli ad Rom., quibus inducuntur primi homines ante Adamum conditi. Anno falutis 1655. — Guil. Apollonii jus majeftatis circa facra. Mediol. 1642. — Funus linguæ Helleniftiæ. Lugd. Bat. 1643, in 8°. vél.

112. La Théologie païenne, par de Burigny. Paris, 1754, 2 vol. in-12.

JURISPRUDENCE.

(9)

JURISPRUDENCE.

113. Corpus Juris Canonici, cum notis Pithœo-
rum. Lipfiæ, Gleditfchius, 1705, 2 vol. in-fol.

114. Decretum D. Ivonis Epifc. Carnutenfis, nunc
primùm prodit, ftudio Jo. Molinæi. Lovanii,
1561, in-fol.

115. Chr. Lupi Notæ in Decreta & Canones Sy-
nodorum gener. & prov. necnon alia ejufdem
Opera. Brux. 1673, 10 vol. in-4°.

116. Differtation fur les Autels, les Jubés & la
Clôture du Chœur des Eglifes, par J. B. Thiers.
Paris, 1688, in-12.

117. Marfilii Patavini Defenfor pacis, five Tractatus
de poteftate Papæ & Imperatoris. Editio prima,
anni 1522, fine loco, in-fol.

118. P. de Marca, de concordiâ Sacerdotii & Im-
perii lib. VIII. Parif. 1704, in-fol.

119. De l'autorité du Clergé, & du pouvoir du
Magiftrat polit. fur l'exercice des fonctions Eccléfiaft. Amft. 1767, 2 vol. in-12.

120. Les Loix Eccléfiaftiques de France, par L.
de Héricourt. Paris, 1756, in-fol.

121. Conférences fur l'Edit de 1695, par Gibert.
Paris, 1757, 2 vol. in-12.

122. Comment. fur l'Edit de 1695, par M. Jouffe.
Paris, 1757, in-12.

123. Code des Curés. Paris, 1752, 3 vol. in-12.

124. L. Bochelli Decretorum Ecclefiæ Gallicanæ
lib. VIII. Parif. 1609, in-fol.

125. Recueil des Actes, Titres & Mémoires du
Clergé de France, par Lemere. Paris, 1716,
14 vol. in-fol.

B

126. Collection des Procès-verbaux des Assemblées du Clergé, depuis 1560 jusqu'à préfent. Paris, 1767, 9 vol. in-fol.

127. Dupuy, Comment. fur le Traité des Libertés de l'Eglife Gall. de Pithou, avec une Préface hift. par Lenglet du Frefnoy. Paris, 1715, 2 vol. in-4°.

128. Boffuet, Defenfio Declarationis Cleri Gallic. de Ecclefiafticâ poteftate. Amft. (Parif.) 1745, 2 vol. in-4°.

129. — Défenfe de la Déclar. du Clergé, &c. trad. en franç. Ibid. 1745, 3 vol. in-4°.

130. Inftitution au Droit Eccléf. par l'Ab. Fleury, avec des notes par M. Boucher d'Argis. Paris, 1762, 2 vol. in-12.

131. Inftitut. Eccléf. & Bénéficiales, par Gibert. Paris, 1750, 2 vol. in-4°.

132. Recueil de Jurifprudence Canonique, par Lacombe. Paris, 1755, in-fol.

133. Traité de l'Abus, par Fevret. Lyon, 1736, 2 vol. in-fol.

134. Traités, Obfervations & Remarques fur les matieres Canoniques, par Duperray. 19 vol. in-12.

135. Traité des Droits honorifiques, par Maréchal. Paris, 1740, 2 vol. in-12.

136. Traité des Difpenfes, par Collet. Paris, 1752, 3 vol. in-12.

137. Obferv. crit. fur l'Ouvrage ci-deffus, par le P. Collin. Nancy, 1765, & Paris, 1770, 2 vol. in-12. br. en carton.

138. Confultations canoniques de Gibert. Paris, 1727, 12 vol. in-12.

139. L'Apocalypfe de Meliton, ou Révélation des

(11)

Myſtères Cénobitiques. Saint - Léger , 1668 ,
in-16. vél.

140. Alph. de Vargas , Relatio ad Reges Chriſt. de
ſtratagematis & ſophiſmatis politicis Soc. Jeſu
ad Monarchiam univ. ſibi conficiendam. 1641 ,
in-16. vél.

141. Extrait des Aſſertions dangereuſes enſeignées
par les Jéſuites. Paris, 1752 , in-4°.

142. Réponſe au Livre ci - deſſus. 1763 , 3 vol.
in-4°.

143. De l'Eſprit des Loix, par M. de Monteſquieu.
Geneve , 1751 , 3 vol. in-12.

144. Corpus Juris Civilis , cum notis Gothofredi.
Lugd. 1662 , 2 vol. in-4°.

145. Les Loix Civiles , avec le *Legum deleɛtus* , par
Domat. Paris , 1756 , in-fol.

146. Nouv. Traduɛtion des Inſtitutes de Juſtinien,
par de Ferriere. Paris , 1719 , 7 vol. in-12.

147. Le Droit public de France , par l'Ab. Fleury,
avec des notes par M. Daragon. Paris , 1769 ,
2 vol. in-12.

148. Procès-verbal des Conférences des Ordonn.
civiles & criminelles. Paris, 1724 , in-4°.

149. Nouv. Commentaire ſur la Coutume de Paris, par de Ferriere. Paris, 1741 , 2 vol. in-12.

150. Œuvres de M. le Chancelier d'Agueſſeau. Paris,
1759 , 11 vol. in-4°.

151. Traité ſur le Mariage , par le Ridan. 1753 ,
in-4°.

152. Biblioth. du Droit François , par Bouchel ,
avec les notes de Bechefer. Paris, 1671 , 3 vol.
in-fol.

153. Diɛtionnaire de Droit & de Pratique , par de
Ferriere. Paris , 1755 , 2 vol. in-4°.

B ij

154. Collection de Décisions relatives à la Jurisprudence actuelle, par Denifart. Paris, 1763, 4 vol. in-4° avec le supplément.

155. Traité des Matieres Criminelles, par de Lacombe. Paris, 1757, in-4°.

SCIENCES ET ARTS.

156. La Morale de Confucius, Philofophe de la Chine. Amft. (Rouen) fans date, in-12.

157. Code de la Raifon, ou Principes de morale, par l'Ab. de Ponçol. Paris, 1778, 2 vol. in-12 br. en cart.

158. Les Caract. de Théophrafte & de la Bruyere. Paris, 1750, 2 vol. pet. in-12.

159. Cardanus, de utilitate ex adverfis capiendâ. Amft. 1672, pet. in-8°.

160. Dictionn. hiftor. d'Education. Paris, 1771, 2 vol. pet. in-8°.

161. Martinelli, Iftoria crit. della Vita civile. Napoli, 1764, 2 vol. in-8°. br. en cart.

162. Magafins & autres Ouvrages de Madame le Prince de Beaumont, propres à l'inftruction de la Jeuneffe. 31 vol. in-12.

163. Erafte, ou l'Ami de la Jeuneffe. Paris, 1773, pet. in-8°. rel. en carton.

164. Pratique de la Mémoire artificielle, par Buffier. Paris, 1748, 4 vol. in-12.

165. L'Ordre naturel & effentiel des Sociétés politiques. Paris, 1767, 2 vol. in-12.

166. L'Utopie de Th. Morus, trad. par Gueudeville. Amft. 1730, in-12. fig.

167. La République de Platon, trad. en franç. par M. Grou. Paris, 1762, 2 vol. in-12.

168. L'Ami des Hommes, par M. le Marquis de
Mirabeau. 1759, 7 vol. in-12.

169. Projet pour rendre la Paix perpétuelle en Europe, par l'Ab. de Saint-Pierre. Utrecht, 1713,
2 vol. in-12.

170. Traité de l'Opinion, par le Gendre de Saint-
Aubin. Paris, 1735, 6 vol. in-12.

171. Traité de la Baguette divinatoire. La Haye,
1762, 2 vol. in-12. fig.

172. Traité & Diſſert. ſur les Apparitions, les Vi-
ſions & les Vampires, par Lenglet du Freſnoy
& D. Calmet. Paris, 1751, 7 tom. en 5 vol.
in-12.

173. Kornmannus, de Miraculis mortuorum & vi-
vorum. Typis Jo. Wolffii, 1610 & 1614, 2 tom.
en un vol. in-12. vél.

174. Dictionn. de Phyſique, par le P. Paulian.
Avignon, 1761, 3 vol. in-4°.

175. Entretiens phyſiques, par le P. Regnault.
Paris, 1737, 4 vol. in-12.

176. Le Spectacle de la Nature, & l'Hiſtoire du
Ciel, par l'Ab. Pluche. Paris, 1749, 11 vol.
in-12. fig.

177. Hiſtoire Naturelle, par M. de Buffon, avec
la deſcription du Cabinet du Roi, par M. d'Au-
benton. Paris, Impr. Roy. 1752, 32 vol. in-12.
br. en cart. fig.

178. Hiſtoire nat. des Oiſeaux, par le même. Ibid.
1770, 10 vol. in-12. fig. br. en cart.

179. Supplément à l'Hiſt. Nat. par M. de Buffon.
Ibid. 1774, 10 vol. in-12. br. en cart. fig.

180. Jo. de Mediolano Schola Salernitana : ex
recenſ. Zach. Sylvii. Roterod. 1667, petit
in-12.

181. Avis au Peuple sur sa santé, par M. Tissot. Paris, 1770, in-12.

182. La Médecine d'Armée, par M. de Meyserey. Paris, 1754, 3 vol. in-12.

183. Gasp. Bauhini, de hermaphroditorum monstrosorumque Partuum naturâ, libri duo. Oppenheimii, 1614, in-8°. vél. cum fig. Th. de Bry.

184. Elémens d'Arithmétique, d'Algebre & de Géométrie, par Mazeas. Paris, 1765, in-8°.

185. Abrégé des Elémens de Mathémat. de Rivard. Ibid. 1765, in-8°.

BELLES-LETTRES.

186. Traité des Etudes, par Rollin. Paris, 1732, 4 vol. in-12.

187. Les Etudes convenables aux Demoiselles. Paris, 1762, 2 vol. in-12.

188. J. Buxtorfii, Thesaurus Grammaticæ Linguæ Hebreæ. Basileæ, 1663, pet-in-8°.

189. Ejusdem Lexicon Hebraïcum & Chaldaïcum. Basileæ, 1631, in-8°.

190. Masclef, Grammatica Hebraïca à punctis libera. Paris. 1743, 2 vol. in-12.

191. Grammaire Hébraïque, par Ladvocat. Paris, 1765, in-8°. rel. en carton.

192. Racines Hébraïques sans points voyelles. Paris, 1732, in-8°.

193. Joach. Langii Græci N. T. Codicis clavis Grammatica. Halæ-Sax. 1720, pet. in-8°.

194. Schrevelii Lexicon Manuale Græco-Lat. Parif. 1734, in-8°.

195. Dictionn. Franç. Lat. par MM. Lallemant. Rouen, 1771, in-8°.

(15)

196. Principes de la Grammaire Franç. par Reftaut.
Paris, 1764, in-12.
197. Traité de l'Orthographe Franç. par le même.
Poitiers, 1752, in-8°.
198. Dictionn. Univerfel, *dit* de Trévoux. Paris,
1732, 6 vol. in-fol. avec le Supplément.
199. Le même. Ibid. 1771, 8 vol. in-fol. br.
en carton.
200. Abrégé du Dictionn. de Trévoux, par M. Ber-
thelin. Paris, 1762, 3 vol. in-4°.
201. Manuel-Lexique, par l'Ab. Prevoft. Paris,
1750, 2 vol. pet. in-8°.
202. Dictionn. Italien & François, par Antonini.
Lyon, 1760, 2 vol. in-4°.
203. Nuova Scuola di Grammatica per apprendere
la Lingua Punica-Maltefe, dal Canonico Franc.
Agius de Soldanis ; con nuovi documenti del
medefimo, li quali poffono fervire di lume all'an-
tica Lingua Etrufca. In Roma, 1750, 2 vol.
in-12.
204. La Grammaire Allemande, par Gottfched.
Strafbourg, 1766, in-8°.
205. Le Dictionn. Anglois & Franç. de Boyer.
London, 1747, 2 vol. in-8°.
206. Le même. Ibid. 1764, 2 vol. in-8°.
207. Dictionn. de la Prononciation Angloife. Paris,
1756, in-8°.
208. Le Jay, Bibliotheca Rhetorum. Parif. 1725,
2 vol. in-4°.
209. Ifocratis Orationes & Epiftolæ, Gr. cum in-
terpr. interlineari. Parif. 1621, in-8°.
210. Chompré latini Sermonis exemplaria, è Scrip-
tor. probatiffimis felecta, cum verf. Gallic. Parif. 1745, 12 tom. rel. en 6 vol. in-12.

(16)

211. Homeri Opera , Gr. & Lat. edente Berglero.
Amft. Wetftein , 1707, 2 vol. in-16.
212. Les Poëfies d'Horace , trad. en franç. avec
des Remarq. par le P. Sanadon. Paris , 1756 ,
8 vol. in-12.
213. Les mêmes. Ibid. 1756, 3 vol. pet. in-12.
214. The Satyrs of D. J. Juvenalis, and of A.
Perfius, tranflated into English verfe, by Dryden.
London , 1726, in-12. fig.
215. M. Palingenii Zodiacus vitæ. Bafileæ, Bry-
lingerus , 1557, pet. in-8º.
216. L'Anti-Lucrece , Poëme du Card. de Poli-
gnac, trad. par de Bougainville. Paris , 1754 ,
2 vol. pet. in-12.
217. Encyclopédie Poëtique , par M. de Gaigne.
Paris, 1778 , 16 vol. in-8º. fig. br. en carton.
218. Œuvres de Boileau Defpréaux , avec des
Eclaircifl. & des Remarques par de Saint-Marc.
Paris , 1747, 5 vol. in-8º.
219. Œuvres de Mefdames Deshoulieres. Paris ,
1753 , 2 vol. pet. in-12.
220. Commentaires fur la Henriade de Voltaire ,
par de la Beaumelle & Fréron. Berlin (Paris) ,
1775 , 2 vol. in-8º. br.
221. Œuvres de Greffet. Londres, 1758 , 2 vol.
pet. in-12.
222. Œuvres de M. le Franc. Paris , 1753 , 3 vol.
pet. in-12.
223. L'Inoculation , Poëme en IV Chants, par M.
L. R. Paris, 1773 , in-8º. br. en cart.
224. Il Goffredo , overo Gierufalemme liberáta
di Torquato Taffo. In Amft. Elzev. 1678 , 2 vol.
in-24. fig. de le Clerc.
225. Le Sceau enlevé, Poëme du Taffoni , en Italien

(17)

lien & en franç. Paris, 1759, 3 vol. pet. in-12.
226. Poems on Several occasions, by Matth. Prior.
London, 1741, in-12.
227. The Complaint : or Night-Thoughts on life,
Death, & immortality. Dublin, 1754, in-12.
228. The Works of Nic. Rowe, confifting of his
Plays and poems. London, 1756, 2 vol. in-12.
229. The Seafons, by James Thomfon. London,
Millar, 1758, in-12. fig.
230. Les Nuits d'Young, en ital. & en franç. Mar-
feille, 1770, 3 vol. in-12.
231. Les Fables de Pilpay. Paris, 1698, in-12.
232. Contes & Fables Indiennes de Pilpay & de
Lokman, trad. par M. Cardonne. Paris, 1778,
3 vol. in-12. br. en carton.
233. The Temple of the Mufe, vith explications
and Remarks. London, 1738, in-12. rel. en
carton.
234. L'Origine des Dieux du Paganifme, par M.
Bergier. Paris, 1774, 2 vol. in-12.
235. Les Aventures de Télémaque, par de Féné-
lon. Paris, 1763, 2 vol. in-12. fig.
236. — Les mêmes, trad. en italien. Neapoli,
1768, in-8°.
237. — Les mêmes, trad. en anglois. Berwick,
1765, 2 vol. in-12.
238. Hiftoire de D. Quichotte, par de Cervantes.
Paris, 1768, 6 vol. in-12.
239. Hiftoire de Gil-Blas, par le Sage. Paris,
1771, 4 vol. in-12. fig.
240. Hiftoire d'Eftevanille Gonzalez, par le même.
Paris, 1767, 4 vol. pet. in-12.
241. Contes Moraux, par M. Marmontel. Paris,
1776, 3 vol. in-12.

(18)

242. Hiftoire des Sevarambes. Amft. 1716, 2 vol.
in-12. fig.

243. Travels into feveral remote Nations of the
World, by Lemuel Gulliver. Glafgow, 1764,
in-12.

244. Voyages de Gulliver, trad. par l'Abbé des
Fontaines. Paris, 1772, 2 vol. in-12. fig.

245. Th. Pope Blount, Cenfura celebr. Authorum.
Genevæ, 1694, in-4°.

246. L'Oracle des Nouv. Philofophes. Berne, 1760,
2 vol. pet. in-8°.

247. Les Erreurs de Voltaire, par l'Ab. Nonnotte.
Amft. (Lyon) 1766, 2 vol. in-12.

248. Lettres de quelques Juifs Portugais & Alle-
mands, à M. de Voltaire. Paris, 1772, 2 vol.
in-8°. br.

249. Le Chef-d'œuvre d'un Inconnu, par Mathā-
nafius. Londres, 1758, 2 vol. pet. in-12.

250. Mémoires pour fervir à l'Hift. de la Calotte.
1752, 4 part. en 3 vol. pet. in-12.

251. Notionnaire ou Mémorial de ce qu'il y a
d'utile dans les connoiffances acquifes, par de
Garfault. Paris, 1761, in-8°. fig.

252. Table Analytique des matieres contenues
dans le Dictionn. des Sciences, des Arts, &c.
Paris, 1780, 2 vol. in-fol. br. en carton.

253. Œuvres diverfes de Balzac. Amft. Dan. Elzevir,
1664, in-12.

254. Œuvres de Saint-Evremond, publiées par de
Maizeaux. 1753, 12 vol. pet. in-12.

255. Œuvres de M. de Fontenelle. Paris, 1758,
10 vol. in-12.

256. Œuvres de M. de Saintfoix. Paris, 1779, 6
vol. in-8°. fig. br.

257. Nouv. Amusemens du Cœur & de l'Esprit. Paris, 1740, 16 vol. in-12. br.

258. Mém. Histor. & Littér. par Amelot de la Houssaie. Amst. 1737, 3 vol. in-12.

259. Nouv. Mémoires d'Histoire, de Critique & de Littérature, par d'Artigny. Paris, 1749, 7 vol. in-12.

260. Variétés Histor. Phys. & Littér. Paris, 1752, 3 vol. in-12.

261. Esprit de Leibnitz. Lyon, 1772, 2 vol. in-12.

262. Miscellanies of Prose and Verse. Dublin, 1739, in-12.

263. L'Eloge de la Folie, trad. d'Erasme par Gueudeville. 1751, in-12. fig.

264. Diporto de' Viandante, cioe, facetie, motti & burle, raccolte da Christ. Zabata. In Trevigi, 1599, in-12.

265. Lettres choisies des Auteurs François. Paris, 1768, 2 vol. in-12.

266. Lettres choisies de Guy Patin. Roterd. (Rouen) 1725, 5 tom. rel. en 4 vol. in-12.

267. Lettres de Descartes. Paris, 1724, 6 vol. in-12.

268. Lettres de Bayle, avec des Remarq. par de Maizeaux. Amst. 1729, 3 vol. in-12.

269. Recueil des Lettres de Mad. de Sevigné. Paris, 1754, 9 vol. in-12.

270. Lettres de J. B. Rousseau. Geneve, 1750, 5 vol. pet. in-12. br. en carton.

HISTOIRE.

271. Concorde de la Géographie des différens

âges, par l'Abbé Pluche. Paris, 1764, in-12.
272. Dictionn. Géographique portatif, par Vosgien. Paris, 1772, in-8°.
273. Dictionn. portatif de Géographie, d'Histoire, de Mythologie, &c. Avignon, 1760, 8 vol. pet. in-8°.
274. Dictionn. Géogr., Histor. & Mythologique, par M. Furgault. Paris, 1776, pet. in-8°.
275. Nouvel Atlas portatif, par M. Robert de Vaugondy. Paris, 1762, in-4°.
276. Le Voyageur François, par l'Ab. Delaporte. Paris, 1766, 26 vol. in-12.
277. Nouv. Voyage d'Italie, par Misson, avec les Remarq. d'Addisson. La Haye, 1727, 4 vol. in-12. fig.
278. Voyage en Sicile & à Malte, par Brydone. Paris, 1776, 2 vol. in-12. br. en cart.
279. Voyage Littéraire de la Grece, par M. Guys. Paris, 1776, 2 vol. in-8°. br. en cart.
280. A Voyage to Guinea, Brasil, and the West-Indies, by John Atkins. London, 1737, in-8°.
281. Voyage à l'Isle de France, &c. par M. de Saint-Pierre. Paris, 1773, 2 vol. in-8°. fig. br,
282. Méthode pour étudier l'Histoire, avec un Catalogue des Historiens, par l'Ab. Lenglet du Fresnoy. Paris, 1729, 6 tom. rel. en 5 vol. in-4°. gr. pap.
283. Les Elémens de l'Histoire, par l'Ab. de Valmont. Paris, 1758, 5 vol. in-12.
284. Discours sur l'Histoire Universelle, par Bossuet. Paris, 1732, in-4°. d. f. tr. avec le portrait.
285. Tables Chron. de l'Hist. Univ., par Lenglet du Fresnoy. Gr. in-fol.
286. Tablettes chronol. de l'Histoire Universelle,

(21)

par le même. Paris, 1763, 3 vol. pet. in-8°.
287. — Les mêmes. Ibid. 1777, 2 tom. partagés
en 5 vol. pet. in-8°. br.
288. L'Art de vérifier les Dates, par les Religieux
Bénédictins. Paris, 1770, in-fol. br. en carton.
289. Histoire Universelle, trad. de l'Anglois par
une société de Gens de Lettres. Paris, 1780, 24
vol. in-8°. br. en carton.
290. Abrégé de l'Hist. Univers., par Cl. de l'Isle.
Paris, 1731, 7 vol. in-12.
291. Histoire Génér. de tous les Peuples du Monde,
par l'Abbé Lambert. Paris, 1750, 15 vol. in-12.
292. Dictionn. portatif des Faits & Dits mémor. de
l'Hist. Anc. & Moderne. Paris, 1768, 2 vol.
pet. in-8°.
293. Anecdotes des Royaumes & des Républiques
des quatre parties du Monde. 17 vol. pet. in-8°.
br. en carton.
294. Histoire de l'Etablissement du Christianisme,
par Bullet. Paris, 1764, in-4°. br. en cart.
295. Introd. à l'Hist. Ecclés. de Fleury, par D.
Calmet. Paris, 1725, 7 vol. in-12.
296. Histoire Ecclés. de M. l'Ab. Fleury, avec la
Table des Matieres. Paris, Mariette, 1740, 40
vol. in-12. v. f. bord.
297. Mémoires pour servir à l'Histoire Ecclésiast.
& des Empereurs, par de Tillemont. Paris, 1701,
22 vol. in-4°.
298. Hist. de l'Eglise, par l'Abbé de Choisy. Paris,
1703, 11 vol. in-4°.
299. Hist. sainte des deux Alliances, avec des Réflexions (par M. de Saint-Aubin). Paris, 1741,
7 vol. in-12.
300. Les Siecles Chrétiens. Paris, 1775, 9 vol.
in-12. br. en carton.

301. Abrégé de l'Hift. Eccléf., par l'Ab. Racine, avec les Difcours du même fur l'Hift. de l'Eglife. Cologne, 1743, 15 vol. in-12.

302. Abrégé Chronol. de l'Hiftoire Eccléfiaftique, par Macquer. Paris, 1768, 3 vol. pet. in-8°. br. en carton.

303. Mémoires pour fervir à l'Hift. Eccléf. depuis 1600 jufqu'en 1716, par d'Avrigny. 1720, 4 vol. in-12.

304. Vie & Lettres du Pape Clément XIV. (Ganganelli), par M. le Marquis de Caraccioli. Paris, 1776, 5 vol. in-12. br. en carton.

305. Hiftoire des Conciles, par Hermant. Rouen, 1730, 4 vol. in-12.

306. Hift. du Concile de Pife, par Lenfant. Utrecht, 1731, 2 vol. in-4°. fig.

307. Hift. du Concile de Trente, trad. de Fra-Paolo Sarpi, par le P. le Courayer. Amft. (Trevoux) 1751, 3 vol. in-4°.

308. Iftoria del Concilio di Trento, fcritta dal P. Sforza Pallavicino. In Milano, 1744, 3 vol. pet. in-4°.

309. — Idem Opus, à J. B. Giattino Latinè verfum. Antuerp. 1670, 3 vol. in-4°.

310. Hift. de la Réception du Concile de Trente dans les Etats Catholiques. Amft. (Paris) 1756, 2 vol. in-12.

311. Hift. des Ordres Monaftiques, par M. Muffon. Berlin, 1751, 6 vol. in-12.

312. Les Actes des Martyrs, par D. Ruinart. Paris, 1732, 2 vol. in-12.

313. Le Martyrologe Univerfel, trad. en François par Châtelain. Paris, 1709, in-4°.

314. Les Vies des Saints, par A. Baillet. Paris, 1704, 4 vol. in-fol.

315. Vies des Peres , des Martyrs , &c. trad. de l'Anglois, par MM. Godefcar & Marie. Villefranche , 1763 , 10 vol. in-8°. broch. en carton.

316. Vie de S. Athanafe, par God. Hermant. Paris, 1671, 2 vol. in-4°.

317. Vie de S. Amable , par Faydit. Paris, 1702, in-12.

318. Vie de S. Vincent de Paul , par M. Collet. Nancy, 1748 , 2 vol. in-4°.

319. Vie & Lettres de Mad. de Chantal. Paris , 1752 & 1753 , 4 vol. in-12.

320. Hift. de la Conftitution *Unigenitus* , par Lafiteau. Avignon , 1766, 2 vol. in-12.

321. Hift. des Héréfies , par Hermant. Rouen , 1727, 4 vol. in-12.

322. Réflexions fur l'hift. des anciens Peuples, par Fourmont. Paris, 1747 , 2 vol. in-4°.

323. Monde primitif analyfé & comparé avec le Monde moderne , par M. Court de Gébelin. Paris, 1773 , 6 vol. in-4°. Les tom. 5 & 6 brochés.

324. Hift. des Juifs, par Prideaux. Paris, 1742, 6 vol. in-12.

325. Hift. du Peuple de Dieu , depuis la naiffance du Meffie, par le P. Berruyer. La Haye (Paris), 1753 , 13 vol. in-12.

326. Obfervations & Critiques de l'Ouvrage du P. Berruyer. 13 vol. in-12.

327. Effais hiftor. & critiq. fur les Juifs. Lyon , 1771 , 2 vol. in-12.

328. Hiftoire Ancienne , par Rollin. Paris, 1740 , 14 vol. in-12.

329. Hiftoire véritable des Temps fabuleux , par M. Guérin du Rocher. Paris , 1776 , 3 vol. in-8°. br. en carton.

330. La Cyropédie, ou l'Hiftoire de Cyrus, trad. de Xénophon par Charpentier. Paris, 1749, 2 vol. in-12.

331. Les Voyages de Cyrus, par Ramfay. Paris, 1753, 2 vol. pet. in-12.

332. Hift. Romaine, par Rollin & Crevier. Paris, 1738, 16 vol. in-12.

333. Hift. des Empereurs Romains, par Crevier. Paris, 1749, 12 vol. in-12.

334. Hift. des Révolutions Romaines, par l'Ab. de Vertot. Paris, 1767, 3 vol. in-12.

335. C. Taciti Opera, ex recenfione Theod. Ryckii. Lugd. Bat. 1687, 2 vol. in-12.

336. Hift. du Bas-Empire, par M. Le Beau. Paris, 1757, 20 vol. in-12.

337. Hift. des Révolutions de l'Empire de Conftantinople, par de Burigny. Paris, 1750, 3 vol. in-12.

338. Mémoires hiftoriques, militaires & politiques de l'Europe, par l'Ab. Raynal. Amft. (Paris) 1754, 3 vol. in-12.

339. Journal hiftor. de Verdun, depuis 1750 jufques & y compris 1776. 52 vol. in-12. reliés en carton & dos de veau.

340. Mémoires pour fervir à l'hiftoire de la Paix de Ryfwick, par Dumont. La Haye, 1699, 4 vol. in 12.

341. L'Obfervateur Hollandois, & autres pieces. La Haye, 1755, 6 vol. in-12.

342. Dictionn. hiftor. des Mœurs & Coutumes des François. Paris, 1767, 3 vol. pet. in-8°.

343. Dictionnaire univerfel de la France, par M. Robert de Heffeln. Paris, 1771, 6 vol. pet. in-8°.

(25)

344. A Tour through Part of France and Flanders. London, 1768, in-12.

345. Abrégé Chronol. de l'Hist. de France, par de Mezeray. Amst. Wolfgang, 1688, 7 vol. in-12.

346. Hist. de France, par l'Ab. Velly, &c. Paris, 1763, 24 vol. in-12.

347. Abrégé de l'Hist. de France, par le P. Daniel. Paris, 1751, 12 vol. in-12.

348. Nouv. Abrégé chronologique de l'Hist. de France, par le Président Hénault. Paris, 1756, 2 vol. pet. in-8°.

349. Hist. de France, par Chalons. Paris, 1754, 3 vol. in-12.

350. Tableau de l'Hist. de France. Paris, 1769, 2 vol. in-12.

351. Tablettes histor. & Anecdotes des Rois de France, par du Radier. Paris, 1766, 3 vol. in-12.

352. Hist. de Suger, Régent du Royaume sous Louis le Jeune. La Haye, 1730, 3 vol. in-12.

353. Hist. de France, sous les Regnes de S. Louis, de Philippe de Valois, du Roi Jean, des Charles V & VI, par l'Abbé de Choisy. Paris, 1750, 4 vol. in-12. br. en carton.

354. Hist. de S. Louis, par le Sire de Joinville, avec les Observ. de Du Cange. Paris, 1668, in-fol.

355. L'Esprit de la Ligue, par M. Anquetil. Paris, 1771, 3 vol. in-12.

356. Mémoires d'Etat, par de Villeroy. Amsterd. (Trevoux) 1723, 7 vol. petit in-12.

357. Mémoires des Economies d'Etat de Henri le Grand, par le Duc de Sully. Amst. (Trévoux) 1725, 12 vol. pet. in-12.

358. Vie du Card. d'Ossat. Paris, 1771, 2 vol. in-8°. br. en carton.

D

359. Lettres du même, avec les Notes d'Amelot de la Houſſaie. Amſt. 1732, 5 vol. in-12. rel. en carton.

360. L'Eſprit de la Fronde. Paris, 1772, 5 vol. in-12.

361. Mém. du Cardinal de Retz & de Joly. Amſt. (Rouen) 1718, 5 vol. in-12.

362. Mém. & Lettres de Mad. de Maintenon. Amſt. 1755, 15 vol. in-12.

363. Le Siecle de Louis XIV, par M. de Voltaire. Berlin, 1753, 3 vol. in-12.

364. Précis du Siecle de Louis XV, par le même. Geneve, 1769, 2 vol. in-12. br. en cart.

365. Faſtes du Regne de Louis XV. Paris, 1766, 2 vol. pet. in 8°.

366. Hiſt. du Maréchal de Saxe, par M. le Baron d'Eſpagnac. Paris, 1775, 2 vol. in-12.

367. Eſſais hiſtoriq. ſur Paris, par de Saintfoix. Paris, 1763, 4 vol. in-12.

368. Deſcription hiſtor. de la Ville de Paris, par Piganiol de la Force. Paris, 1765, 10 vol. in-12. fig.

369. Dictionn. hiſtor. de la Ville de Paris & de ſes Environs, par MM. Hurtaut & Magny. Paris, 1779, 4 vol. in 8°. br. en carton.

370. Hiſt. de l'Egliſe Gallicane, par Longueval. Paris, 1730, 18 vol. in 4°.

371. Introduction à l'Hiſt. Eccléſ. de Bretagne, par M. Déric. Paris, 1777, 2 vol. in-12.

372. Du Peyrat, Antiquités de la Chapelle & Oratoire du Roi. Paris, 1645, in-fol.

373. Apologie de Louis XIV & de ſon Conſeil, ſur la révocation de l'Edit de Nantes (par l'Ab. de Caveirac). 1758, in-8°. br.

374. Obſervations ſur l'Hiſt. de France, par M. l'Abbé de Mably. Geneve (Paris), 1765, 2 vol. in-12.

375. Conſidérations ſur le Gouvernement anc. & préſent de la France, par M. le Marquis d'Argenſon. Amſt. 1765, in-8°. br.

376. Variations de la Monarchie Franç. dans ſon Gouvernement, par M. Gautier de Sibert. Paris, 1765, 4 vol. in-12.

377. Les Intérêts de la France mal entendus. Amſt. (Lyon) 1756, 3 vol. in-12.

378. Hiſt. des Révolutions de Gênes. Paris, 1752, 3 vol. in-12.

379. Hiſt. des Révolut. de Corſe, par l'Abbé de Germanes. Paris, 1771, 3 vol. in-12.

380. Abrégé chronol. de l'Hiſt. d'Angleterre. Amſt. 1730, 7 vol. in-12.

381. Hiſt. des Révol. d'Angleterre, par le P. d'Orléans. Lyon, 1762, 4 vol. in-12.

382. Vie de Cromwel. Amſt. (Rouen) 1752, 3 vol. in-12. rel. en cart.

383. Burnet's Hiſtory of his own Time. London, 1724, in-fol.

384. Monaſticon Hibernicum : or, the Monaſtical hiſtory of Ireland. London, 1722, in-8°.

385. Hiſtoire de J. Sobieski, Roi de Pologne, par M. l'Abbé Coyer. Paris, 1761, 3 vol. in-12. v. f. fil.

386. Hiſtoire des Révolut. de Perſe, par Clairac. Paris, 1750, 3 vol. in-12.

387. Mémoires concernant les Chinois, par les Miſſionnaires de Pekin. Paris, 1776, 6 vol. in-4°. br. en cart.

388. Hiſtoire de l'Afrique & de l'Eſpagne ſous la

domination des Arabes, par M. Cardonne. Paris, 1765, 3 vol. in-12.

389. Recherches histor. sur le Nouv. Monde, par M. Scherer. Paris, 1777, in-8°. br. en cart.

390. La Science des Médailles, par le P. Jobert. Paris, 1715, 2 vol. in-12. fig.

391. De l'Origine des Loix, des Arts & des Sciences, par Goguet. Paris, 1758, 3 vol. in-4°. fig. fil.

392. Recherches sur l'origine des découvertes attribuées aux Modernes, par M. Dutens. Paris, 1766, 2 vol. in-8°. br.

393. Table générale de l'Histoire & des Mémoires de l'Académie, Tom. VI & VII, par M. Demours. Paris, 1758, 2 vol. in-4°. br. en cart.

394. Bibliotheque critique de MM. Simon & Barrat. Amst. (Nancy) 1708 & 1714, 6 vol. in-12.

395. Dictionnaire des Livres Janséniftes. Anvers, (Lyon) 1755, 4 vol. in-12. rel. en cart.

396. Bibliotheque universelle & historique, par J. Le Clerc. Amst. 1687, 25 vol. pet. in-12.

397. Bibliotheque choisie, par le même. Ibid, 1718, 28 vol. pet. in-12. avec la Table.

398. Mémoires de Trévoux, depuis 1701 jusques & y compris 1763. 276 vol. pet. in-12. rel. en carton & dos de basane. *Plus*, les Années 1774 & 1775, brochées. *Plus*, les Années 1778, 1779 & 1780 du Journal de Littérature, par M. l'Ab. Grozier. 18 vol. in-12. br.

399. Le Dictionnaire Historique de L. Morery, avec les Supplémens. Paris, 1732, 10 vol. in-fol.

400. Dictionnaire Historique portatif, par Lad-

vocat. Paris, 1760, 2 vol. petit in-8°.

401. — Le même. Ibid. 1777, 3 vol. pet. in 8°. br. en 6 parties.

402. Nouv. Dictionn. Histor. Paris, 1772, 6 vol. in-8°. br. en carton.

403. — Le même. Caen, 1779, 6 vol. in-8°. br. en carton.

404. Vie d'Erasme, par de Burigny. Paris, 1757, 2 vol. in-12. rel. en carton.

On vendra, au commencement de chaque Vacation, des Livres & des Brochures que l'on n'a pas jugé à propos de détailler.

Lu & approuvé, ce 25 Février 1781.

FOURNIER, Adjoint.

NOTICE DES VACATIONS.

Jeudi 1ᵉʳ Mars.

Théologie, depuis le N°. 1 jusqu'au N°. 28 inclus,
Jurisprudence . . 113 à 123.
Sciences & Arts . 156 à 162.
Belles-Lettres . . 186 à 206.
Histoire . . . . 271 à 304.

Vendredi 2.

Théologie, Nº. . . 29 à 56.
Jurifprudence . . 124 à 134.
Sciences & Arts . 163 à 169.
Belles-Lettres . . 207 à 227.
Hiftoire. . . . 305 à 338.

Samedi 3.

Théologie, Nº. . 57 à 83.
Jurifprudence . . 135 à 145.
Sciences & Arts . 170 à 176.
Belles-Lettres . . 228 à 248.
Hiftoire. . . . 339 à 372.

Lundi 5.

Théologie, Nº. . 84 à 112.
Jurifprudence . . 146 à 155.
Sciences & Arts . 177 à 185.
Belles-Lettres . . 249 à 270.
Hiftoire. . . . 373 à 404.

De l'Imprimerie de DEMONVILLE, rue Chriftine, 1781.